Rosemarie Portmann

Die 50 besten
Spiele fürs Selbstbewusstsein

 MiniSpielothek

Gerne nehmen wir Ihre Anregungen,
Wünsche, Kritik oder Fragen entgegen:
Don Bosco Medien GmbH, Sieboldstraße 11, 81669 München
Servicetelefon: 089 / 48008-341

Bibliografische Information Der Deutschen Nationalbibliothek

Die Deutsche Nationalbibliothek verzeichnet diese Publikation
in der Deutschen Nationalbibliografie; detaillierte bibliografische
Daten sind im Internet über http://dnb.d-nb.de abrufbar.

6. Auflage 2009 / ISBN 978-3-7698-1532-0
© 2005 Don Bosco Medien GmbH, München
Umschlag und Illustration: Felix Weinold
Layout: Alexandra Paulus
Produktion: Don Bosco Druck & Design, Ensdorf

Gedruckt auf umweltfreundlichem Papier

Inhalt

09	**Spiele zum Nachdenken über Selbstbewusstsein**
10	Das ABC der Stärke
12	Sich stark fühlen ist wie …
13	Wortketten
14	Drei starke Ecken
15	Starke Sprüche klopfen
17	Starke Körpersprache
18	Was Frauen und Männer stark macht
20	Starke Interviews
21	Was heißt hier selbstbewusst?
22	Selbstbewusstsein paradox
23	**Spiele zum Einfühlen in andere**
24	Volle Persönlichkeiten
25	Seelenverwandtschaften
26	Wunschzettel
27	Tierisch gut
28	Weiblich – männlich
29	Drillinge
31	Igel streicheln
32	Sprechende Hände
33	Spiegeln
34	Gleichgewicht

35	**Spiele zur Selbsterkenntnis**
36	Ich bin die starke Stefanie
37	Ich bin – ich kann – ich habe
39	Mein Name – mein Programm
41	Starke Elfchen
43	Reise zu den eigenen Stärken
45	Ich mag an mir
46	Heißer Stuhl
47	Ich bin gerne ein Mädchen – ich bin gerne ein Junge
48	Eigenwerbung
49	Mein persönliches Wappen
51	**Spiele zum Selbstbewusstwerden**
52	Geschichte meines Namens
53	Schwäche wegdrücken
54	Spießrutenlauf
55	Superfrau und Supermann
57	Schwache Seiten
58	Werbekampagne
59	Ich-Botschaften
61	Ehrenkodex
63	Gruppendruck aushalten
64	Reise in die Zukunft

65	**Spiele zum Selbstbewusstsein**
66	Rückendrücken
67	Vertrauenskreis
68	Ja und Nein
69	Klartext reden
70	Hör auf damit!
71	Auftragsannahme
72	Selbstsicher auftreten
74	Schiffbrüchig
75	5 gegen 1
77	Selbstverpflichtung

*Spielen ist keine Trägheit,
es ist vielmehr höchste Kraft.*

Peter Lippert

Spiele zum Nachdenken über Selbstbewusstsein

Spiele *zum Nachdenken über Selbstbewusstsein*

 # Das ABC der Stärke

Durch die Vorgabe eines Blattes mit den Buchstaben des Alphabets können die individuellen Vorstellungen zum Thema „Stärke" angeregt werden. Jeder erhält ein solches Blatt mit der Bitte, zu jedem Buchstaben ein „starkes" Wort, einen „starken" Satz oder einen „starken" Einfall aufzuschreiben.

Beispiele

- A Aktiv
- B Begabt
- C Charakter
- D Dusel haben
- E Erfolg
- F Freunde haben
- G Gut drauf sein
- H Hunderttausend Euro haben
- I Intelligent sein
- J Jede Menge Glück
- K Keine Niederlagen
- L Lustig
- O Ohne Angst
- P Protestieren
- Q Quer denken
- R Reich sein
- S Selbstvertrauen
- T Tolle Chancen haben
- U Ungeheuer cool sein
- V Viel reisen
- W Witzig sein
- X Sich kein X für ein U vormachen lassen
- Y Young forever
- Z Zufrieden

Spiele *zum Nachdenken über Selbstbewusstsein*

Auswertung und Gespräch

Die Einzelergebnisse für jeden Buchstaben werden auf einem großen Plakat zusammengetragen. Auf diese Weise entsteht eine Fülle von Begriffen und Einfällen, die das „Stark-Sein" beschreiben und in der Gruppe einen Einstieg in die Diskussion ermöglichen.

Spiele *zum Nachdenken über Selbstbewusstsein*

 Sich stark fühlen ist wie ...

Eine gute Möglichkeit, die Reflexion über den Themenbereich Selbstbewusstsein – Selbstbehauptung einzuleiten, ist die Bildung von Metaphern zu dem Satzanfang „Sich stark fühlen ist wie ...".
Diese Impulsworte werden groß auf eine Wandzeitung geschrieben. Die Metaphern der Gruppenmitglieder werden auf Papier- oder Pappstreifen geschrieben und dann als Ergänzung auf die Wandzeitung aufgeklebt oder angeheftet. Zum Beispiel:

Sich stark fühlen ist wie
- *... in ein frisches Roggenbrot mit Butter beißen.*
- *... am Steuer eines Brummis auf die PKWs runtergucken.*
- *... braungebrannt Wellen zu reiten.*
- *...*

Welche Wünsche, Bedürfnisse und Fantasien über das „Sich-Stark-Fühlen" werden in den Metaphern deutlich? Ist „Sich-Stark-Fühlen" dasselbe wie „Überlegen-Sein"? Oder kann man sich auch für sich selbst stark fühlen, ohne andere zu dominieren?

Spiele *zum Nachdenken über Selbstbewusstsein*

 # Wortketten

Für dieses Spiel werden Karteikarten, Zettel oder Papierstreifen benötigt.
Die Gruppenmitglieder bilden Wortketten – das nächste Wort fängt immer mit dem Buchstaben an, mit dem das vorhergehende aufgehört hat – mit Wörtern, die nach ihrer Meinung irgend etwas mit Stärke zu tun haben, z. B.:

Mut – tapfer – rücksichtsvoll – Leistungssportler – ...

Die Wörter werden aber nicht nur ausgesprochen, sondern einzeln aufgeschrieben und nacheinander auf eine Tafel oder die Zimmerwand geklebt. Das Spiel ist beendet, wenn niemandem mehr ein Anschlusswort einfällt.

Reflexion

Nach Beendigung des Spiels werden die Wörter zur Reflexion des Begriffs Stärke verwendet. Welche Vorstellungen von Stärke haben die Gruppenmitglieder?

Spiele *zum Nachdenken über Selbstbewusstsein*

Drei starke Ecken

In drei Ecken des Raumes werden Plakate mit folgenden Statements aufgehängt:

1. Wer stark ist, wird niemals schwach.
2. Wer stark ist, zeigt seine Schwächen nicht.
3. Wer stark ist, kann auch Schwächen zulassen.

Die Gruppenmitglieder entscheiden sich für das Statement, das am ehesten ihre Meinung wiedergibt, gehen in die zugehörige Ecke und unterhalten sich dort für einige Minuten mit der jeweiligen Eckengruppe. Sie versuchen, Begründungen und Beispiele für „ihr" Argument zu finden. Jede Gruppe bestimmt eine Sprecherin oder einen Sprecher, die oder der anschließend das jeweilige „Ecken-Statement" in einer Plenums-Diskussion vertritt.

Wie ist die Diskussion verlaufen? Welche Begründungen für die unterschiedlichen Statements wurden genannt? Konnte ein Argument sich durchsetzen? Welches? Und warum?

Spiele *zum Nachdenken über Selbstbewusstsein*

Starke Sprüche klopfen

Die Hinführung zum Thema muss nicht immer von pädagogischem Ernst getragen sein. Im Gegenteil: Spaß und Humor können den Zugang zu den menschlichen Stärken und Schwächen sehr erleichtern.
Zunächst sammelt die Gruppe Sprüche, Lied- oder Gedichtzeilen, gerade auch Nonsens-Zeilen, über Stärken und natürlich auch über Schwächen, wie z. B.
- *Frauen kommen langsam, aber gewaltig.*
- *Quark macht stark.*

Dann erfindet die Gruppe selbst starke Sprüche, wie z. B.:
- *Lieber in starken Armen als auf schwachen Beinen.*
- *Starke Frauen braucht das Land!*
- *...*

Variation Wettbewerb

Das „Sprüche-Klopfen" kann auch als Wettbewerb betrieben werden. Die Gruppe teilt sich in Kleingruppen von 3 bis 4 Personen. Diese erfinden Sprüche und einigen sich auf einen möglichst originellen Spruch. Alle Gruppen stellen ihren Spruch dann dem Plenum

Spiele *zum Nachdenken über Selbstbewusstsein*

vor. In geheimer Abstimmung werden dort Punkte vergeben. Jedes Gruppenmitglied darf 5 Punkte verteilen. Die Punkte können alle auf einen Spruch konzentriert werden. Sie können aber auch beliebig auf mehrere Sprüche aufgeteilt werden. Nur der Spruch der eigenen Kleingruppe darf nicht gepunktet werden.

Spiele *zum Nachdenken über Selbstbewusstsein*

 # Starke Körpersprache

Jeder schreibt ein „starkes" Gefühl (glücklich, mit sich zufrieden u. Ä.) oder eine „starke" Verhaltensweise (überlegen sein, anderen helfen, Mut zeigen u. Ä.) auf einen Zettel. Die Zettel werden zusammengefaltet und in einer Schachtel gesammelt. Reihum wird ein Zettel gezogen, das Gefühl oder die Verhaltensweise wird durch Mimik, Gestik oder auch Bewegung ausgedrückt. Der Rest der Gruppe rät, was dargestellt wird. Was war leicht darzustellen, was war schwirig? Was war leicht zu erraten, was war schwirig? Wie fühlt man sich bei der Darstellung „starker" Gefühle oder Verhaltensweisen, wenn man vielleicht selbst sonst gar nicht so stark ist? Macht eine „starke" Körpersprache stark?

Spiele *zum Nachdenken über Selbstbewusstsein*

Was Frauen und Männer stark macht

Die Vorstellungen davon, was eine starke Frau und was ein starker Mann ist, unterscheiden sich im Allgemeinen. In Einzelarbeit werden die Sätze ergänzt:

Frauen sind stark,
- *wenn ...*
- *wenn ...*
- *wenn ...*

Männer sind stark,
- *wenn ...*
- *wenn ...*
- *wenn ...*

Gruppengespräch

Für jedes Geschlecht sollten mindestens fünf Satzergänzungen gefunden werden. Die Einzelaussagen werden abschließend zusammengetragen und die starken Frauen- und Männerbilder miteinander verglichen. Was wird bei einer Frau als Stärke gesehen?

Spiele *zum Nachdenken über Selbstbewusstsein*

Was bei einem Mann? Gibt es Unterschiede in den Frauen- und Männerbildern der weiblichen und der männlichen Gruppenmitglieder? Warum gibt es Unterschiede? Womit werden sie begründet? Sind die Begründungen gerechtfertigt?

Spiele *zum Nachdenken über Selbstbewusstsein*

 # Starke Interviews

Nicht nur die Meinungen innerhalb der Gruppe, auch Meinungen außerhalb der Gruppe zum Thema Stärke können die Diskussion in der Gruppe bereichern.
Die Gruppenmitglieder gehen paarweise mit einem Notizblock, wenn vorhanden auch mit einem Aufnahmegerät, vor die Tür und stellen allen Leuten, die sie dort treffen, folgende Fragen:
„Was verstehen Sie unter menschlicher Stärke?"
„Wie müssen Frauen und Männer sein, die Sie als stark bezeichnen würden?"

Befragt werden können alle Leute, die in dem Haus arbeiten, in dem sich die Gruppe trifft, also vermutlich Lehrerinnen und Lehrer, andere Gruppenleiterinnen und -leiter, Hausmeister, Verwaltungsangestellte, Putzfrauen, Küchenpersonal, Besucherinnen und Besucher usw.
Die Interviews werden anschließend gemeinsam in der Gruppe ausgewertet. Welche Definitionen von Stärke ergeben sich? Gibt es unterschiedliche Meinungen bei verschiedenen Berufsgruppen? Unterscheiden sich die Meinungen von Frauen und Männern? Haben die Gruppenmitglieder neue Aspekte erfahren, die sie bisher noch nicht berücksichtigt hatten?

Spiele *zum Nachdenken über Selbstbewusstsein*

Was heißt hier selbstbewusst?

Alltägliche Konfliktsituationen werden von einigen Gruppenmitgliedern im Rollenspiel dargestellt, z. B.
- Ein Jugendlicher möchte mehr Taschengeld. Allerdings hat die Familie nur wenig Geld zur Verfügung.
- Eine Clique will einen Neuen zum Rauchen überreden. Der ist aber eigentlich gegen das Rauchen.

Dieselbe Situation wird mehrmals durchgespielt, jeweils mit einem anderen Ausgang. Die Zuschauenden entscheiden nach jedem Durchgang, ob die Spielenden sich selbstbewusst verhalten haben. Die Entscheidung muss jeweils begründet werden. Ist kein Spiel „selbstbewusst" gelungen, sollten dazu weitere Vorschläge gemacht werden.

Spiele *zum Nachdenken über Selbstbewusstsein*

Selbstbewusstsein paradox

Die Gruppenmitglieder sammeln Beispiele für Verhaltensweisen, die sie gerade nicht als selbstbewusst bezeichnen würden, z. B.
- rot werden
- weglaufen
- Ausreden erfinden usw.

Die Sammlung wird anschließend diskutiert. Kennen die Gruppenmitglieder solche Verhaltensweisen von sich selbst? Bei welchen Situationen? Wie haben sie sich dabei gefühlt? Und wenn die genannten Verhaltensweisen „nicht selbstbewusst" sind, was ist dann „selbstbewusstes" Verhalten?

Spiele zum Einfühlen in andere

Spiele *zum Einfühlen in andere*

 # Volle Persönlichkeiten

Zu diesem Spiel werden Papierrollen und Stifte gebraucht. Auf dem Papier werden die Umrisse jedes Gruppenmitglieds aufgezeichnet.
Diese Umrisse werden nun mit Leben gefüllt. Für jedes Gruppenmitglied werden besondere Verhaltensweisen, Fähigkeiten, Lieblingsbeschäftigungen, Merkwürdigkeiten u. Ä. eingetragen. Jedes Gruppenmitglied darf bei jedem anderen etwas eintragen, Beleidigungen sind allerdings nicht erlaubt.

Gruppengespräch

Anschließend werden die Persönlichkeitsbilder gemeinsam besprochen. Erkennen die Gruppenmitglieder sich wieder? Sehen sie sich genauso oder ganz anders? Haben sie etwas Neues über sich oder andere erfahren?

Spiele *zum Einfühlen in andere*

 Seelenverwandtschaften

Alle Gruppenmitglieder legen, ohne dass andere zusehen können, einen kleinen persönlichen Gegenstand in einen Beutel. Nach und nach werden diese Gegenstände dann blind wieder herausgeholt. Die Gruppe überlegt gemeinsam, zu welchem Gruppenmitglied der betreffende Gegenstand wohl passen könnte. Es können dabei mehr als eine Person benannt werden. Jede Zuordnung muss begründet werden.

Hat die Gruppe die tatsächlichen Eigentümerinnen oder Eigentümer gefunden? Haben die Gruppenmitglieder, denen der gleiche Gegenstand zugeordnet wurde, tatsächlich etwas Gemeinsames? War ihnen das schon vorher bewusst?

Spiele *zum Einfühlen in andere*

 # Wunschzettel

Auf Zetteln beantworten alle Gruppenmitglieder anonym eine oder mehrere Fragen wie z. B.
- Welche Musik hörst du am liebsten?
- Welche prominenten Menschen würdest du am liebsten kennenlernen?
- Welche Eigenschaften muss ein Mensch haben, mit dem du befreundet sein möchtest?

Die Zettel werden gemischt, und die Gruppe versucht gemeinsam herauszufinden, wer welchen Zettel geschrieben hat. Damit die Aufgabe nicht zu schwierig wird, sollten große Gruppen vor Spielbeginn in Kleingruppen von nicht mehr als 8 Personen aufgelöst werden.
Beim Zuordnen der Wunschzettel müssen die Gruppenmitglieder miteinander ins Gespräch kommen und lernen einander dadurch besser kennen.

Spiele *zum Einfühlen in andere*

 # Tierisch gut

Jedes Gruppenmitglied verwandelt sich in Gedanken in ein Tier. Auf einem Zettel notiert es den Namen des Tieres, eine Erklärung, warum ausgerechnet dieses Tier zu ihm passt, und seinen richtigen Namen. Den Zettel faltet es zusammen und behält ihn zunächst für sich.

Danach einigt sich die Gruppe für jedes Mitglied auf ein Tier. Diese Tiere werden dann mit dem Tier, das jeder selbst für sich gefunden hat, verglichen.

Hat die Gruppe sich für dasselbe Tier entschieden? Oder hat sie wenigstens ein Tier genannt, das diesem ähnlich ist? Bei wem gab es Unterschiede und warum?

Statt in ein Tier können sich die Gruppenmitglieder auch in eine Pflanze, ein Fahrzeug, ein Möbelstück, ein Musikinstrument o. Ä. verwandeln.

Selbst- bzw. Fremderfahrung durch Metaphern ist im Allgemeinen weniger belastend als direkte Rückmeldungen. Hinzu kommt, dass in Metaphern immer sowohl positive als auch negative Rückmeldungen enthalten sind.

Spiele *zum Einfühlen in andere*

 # Weiblich – männlich

Die Gruppe sitzt im Kreis. Nach dem Zufall werden Jungen-Paare und Mädchen-Paare zusammengestellt. Nacheinander wird immer ein Jungen-Paar und ein Mädchen-Paar gleichzeitig in die Kreismitte gerufen. Jedes Paar soll dort unter sich nach Ansage bestimmte Tätigkeiten ausführen, z. B.
- miteinander streiten
- zärtlich zueinander sein
- sauer aufeinander sein
- einander trösten
- sich gemeinsam fürchten u. Ä.

Drücken Jungen und Mädchen ihre Gefühle unterschiedlich aus? Worin bestehen die Unterschiede?
Anschließend werden die Rollen getauscht: Die Mädchen versuchen nun, sich so zu verhalten, wie sie es bei den Jungen gesehen haben, und umgekehrt.
Wie haben sich Mädchen und Jungen bei diesem Rollentausch gefühlt?

Spiele *zum Einfühlen in andere*

Drillinge

Die Gruppenmitglieder bilden Dreier-Gruppen. Damit alle mitmachen können, kann es auch eine oder zwei Vierer-Gruppen geben. In diesem Fall wird die Spielanleitung entsprechend abgewandelt.
Jede Gruppe bearbeitet folgende Aufgaben. Sie nennt

- drei Dinge, die alle drei Mitglieder nicht mögen:
    1. z. B. Ungerechtigkeit
    2. z. B. Regen im Urlaub
    3. z. B. Zimmer aufräumen
- drei Dinge, die alle mögen:
    1. z. B. Ferien
    2. z. B. Schwimmen
    3. z. B. gute Zeugnisse
- etwas, was nur eines der Gruppenmitglieder nicht mag:
    A z. B. Kopfrechnen
    B z. B. Verwandtenbesuche
    C z. B. Spinat
- etwas, was nur eines mag:
    A z. B. klassische Musik
    B z. B. früh aufstehen
    C z. B. Arbeit im Haushalt

Spiele *zum Einfühlen in andere*

Die Ergebnisse der einzelnen Dreier-Gruppen werden anschließend in der Großgruppe besprochen. Wie schwer war es, Gemeinsamkeiten und Unterschiede zu finden? Gibt es in der Großgruppe etwas, was wirklich nur eine einzelne Person mag oder nicht mag? Haben die Gruppenmitglieder etwas über andere erfahren, das sie bisher noch nicht wussten bzw. nicht vermutet hätten? (leicht verändert aus: Rosemarie Portmann, Spiele zum Umgang mit Aggressionen, München ¹⁰2001, S. 56)

Spiele *zum Einfühlen in andere*

 # Igel streicheln

Die Gruppenmitglieder bilden Paare. Eins der beiden wird zunächst zum „Igel", „igelt sich ein", indem es sich eng zusammenrollt (Knie angezogen, Augen geschlossen, Kopf auf die Knie und die Arme darum geschlungen) und versucht, sich vorzustellen, dass es gekränkt und beleidigt ist. Das andere versucht nun, es aus dieser Isolation herauszuholen. Dazu kann es den „Igel" streicheln, mit ihm sprechen, ihn sanft hin- und herrollen u. Ä. Natürlich darf es nicht versuchen, die „Einigelung" mit Gewalt aufzubrechen. Anschließend werden die Rolle getauscht. Zum Abschluss wird Gelegenheit gegeben, über die Erfahrungen in den unterschiedlichen Rollen zu sprechen. Wie konnte bei den Einzelnen die „Igel-Spannung" gelöst werden? Gab es ganz persönliche Widerstände und ganz persönliche Hilfen?

Hinweis

„Igel streicheln" ist ein sehr intimes Spiel. Niemand darf zum Mitmachen gedrängt werden.

31

Spiele *zum Einfühlen in andere*

 # Sprechende Hände

Die Gruppenmitglieder setzen sich paarweise gegenüber. Sie schließen die Augen und versuchen, sich nur mit ihren Händen zu „unterhalten". Ist es ihnen tatsächlich gelungen? Worüber haben sie sich unterhalten? Wie haben sie sich dabei gefühlt? Wie oft waren sie in Versuchung, ihre Stimmen zu Hilfe zu nehmen und ihre Augen zu öffnen?

Variation

Die Übung gelingt leichter, wenn zu Beginn ein Thema verabredet wird, das dann mit den Händen diskutiert werden muss. Die Gruppe kann den Auftrag erhalten, das gleiche Thema einmal „erregt und wütend" und einmal „selbstbewusst und ruhig" zu bearbeiten.

Spiele *zum Einfühlen in andere*

Spiegeln

Jeweils zwei Gruppenmitglieder setzen sich gegenüber. Eins der beiden macht Bewegungen vor, das andere macht sie nach, als würde es in einen Spiegel schauen. Das Spiel kann ausgeweitet werden. Es können ganze Handlungen, z. B. ein Bild malen, einen einfachen Gegenstand zusammensetzen o. Ä. vorgemacht werden, denen das „Spiegelbild" folgen muss. Nach einiger Zeit werden die Rollen getauscht.

Durch dieses Spiel kann man erfahren, was einem von einem anderen zugemutet wird und was man sich zumuten lässt.

Spiele *zum Einfühlen in andere*

Gleichgewicht

Die Gruppenmitglieder bilden Paare. Ziel des Spiels ist es, mit Partnerin oder Partner bei allen Aufgaben im Gleichgewicht zu bleiben. Solche Aufgaben können z. B. sein:

- Stellt euch gegenüber und haltet euch an den Händen. Zieht euch hin und her, aber so, dass ihr beide euren festen Stand behaltet.
- Stellt euch dabei auf ein Bein und haltet gemeinsam das Gleichgewicht.
- Stellt euch Rücken an Rücken. Geht zusammen in die Hocke und kommt zusammen wieder hoch.
- Legt euch die Hände auf die Schultern, schließt die Augen, wippt nach rechts, wippt nach links.

usw.

Die Partner sollten nach einigen Übungen gewechselt werden.
Ist es leicht, ist es schwer, mit einem anderen „im Gleichgewicht" zu bleiben? Ist es mit jedem Partner gleich leicht oder schwer? Was erfahre ich dabei über andere, was erfahre ich über mich?

Spiele zur Selbsterkenntnis

Spiele *zur Selbsterkenntnis*

 # Ich bin die starke Stefanie

Die Gruppenmitglieder sitzen im Kreis und stellen sich nacheinander mit ihren Stärken vor. Sie nennen ihren Namen und dazu eine „starke" Eigenschaft:
„Ich bin die hilfsbereite Gerti."
„Ich bin der schnelle Erkan."
…

Variationen

Das Spiel wird schwieriger, wenn vor dem eigenen Namen alle Namen, die schon genannt worden sind, wiederholt werden müssen, z. B.:
„Das ist die hilfsbereite Gerti, das ist der schnelle Erkan und ich bin der fröhliche Tim."

Noch schwieriger wird es, wenn die „starke" Eigenschaft mit dem gleichen Buchstaben anfangen muss wie der eigene Vorname:
„Das ist die gute Gerti, das ist der erfolgreiche Erkan, das ist der tapfere Tim und ich bin die starke Stefanie."

Spiele *zur Selbsterkenntnis*

Ich bin – ich kann – ich habe

Den Gruppenmitgliedern werden mit Klebestreifen Karteikarten (etwa im Maßstab DIN A 5) auf den Rücken geheftet, auf denen untereinander die drei Satzanfänge stehen:
- Ich bin ...
- Ich kann ...
- Ich habe ...

Nun nehmen alle einen Stift und gehen im Raum umher. Dabei ergänzen sie gegenseitig die Satzanfänge mit „starken" Bemerkungen, die auch tatsächlich zu dem jeweiligen Kind/Jugendlichen passen. Sind alle Satzanfänge vollendet, ist das Spiel vorbei. Alle nehmen nun ihr Rückenschild ab und lesen, welche Stärken die anderen ihnen zuschreiben.

Hinweis

Die Schreiberinnen und Schreiber bleiben dabei anonym. So fällt es einigen sicherlich leichter, anderen etwas Positives mitzuteilen, was sie nicht auszusprechen wagen.

Spiele *zur Selbsterkenntnis*

Wie haben die Gruppenmitglieder sich während des Spiels gefühlt? Wie fühlen sie sich nun, nachdem sie ihre Karte gelesen haben? Sind sie von den Zuschreibungen überrascht oder schätzen sie sich auch selbst so ein?

Spiele *zur Selbsterkenntnis*

Mein Name – mein Programm

Die Anfangsbuchstaben des eigenen Namens können benutzt werden "starke" Eigenschaften oder Fähigkeiten an sich selbst zu entdecken oder zu wünschen.

Beispiele

B berühmt
E energisch
A aktiv
T toll
E ernsthaft

B begabt
E emsig
N natürlich
N nett
I intelligent

Ein bisschen mehr Mühe, aber mindestens so viel Spaß macht es, aus dem Namen ein ganzes Programm zu machen, z. B so:

B Bin
E eigentlich
A allzeit
T total
E energisch.

B Benni
E erntet
N natürlich
N nur
I Interesse.

Spiele *zur Selbsterkenntnis*

Die persönlichen Programme werden auf eine Wandzeitung oder -tafel geheftet und gegenseitig gelesen. Sie können, müssen aber nicht diskutiert und kommentiert werden. Haben die Assoziationen tatsächlich etwas mit der eigenen Person zu tun? Oder ging es nur darum, Wörter zu finden, die mit dem passenden Buchstaben anfingen?

Spiele *zur Selbsterkenntnis*

Starke Elfchen

Besonders poetisch lassen sich die eigenen Stärken mit einem „Elfchen" beschreiben. Ein Elfchen ist ein Gedicht, das aus elf Wörtern besteht, die sich wie folgt auf jeweils fünf Zeilen verteilen:
- Zeile 1: ein Wort
- Zeile 2: zwei Wörter
- Zeile 3: drei Wörter
- Zeile 4: vier Wörter
- Zeile 5: ein Wort

Beispiele

Wolf
ein Junge
ist sehr stark
und stolz und selbstbewusst,
echt!

Selina
ein Mädchen
klug und mitfühlend
weiß, was sie will,
ehrlich!

Spiele *zur Selbsterkenntnis*

Mit dieser Form können die Gruppenmitglieder tatsächlich etwas über sich selbst mitteilen.
Haben sie das getan? War es leicht oder schwer, sich so positiv darzustellen?

Spiele *zur Selbsterkenntnis*

Reise zu den eigenen Stärken

Den eigenen Stärken kann man sich gut mit einer Fantasiereise nähern. Alle nehmen eine entspannte Haltung ein. Dann kann die Reise losgehen. Worte und Inhalt können je nach Alter und Bedürfnissen der Gruppe verändert werden:

Fantasiereise

„Schließ die Augen. ... Geh mit deinen Gedanken ein paar Wochen ... Monate ... Jahre ... in deinem Leben zurück. ... Geh zurück zu Situationen, in denen du dich glücklich, ... stark, ... selbstbewusst, ... fähig ... gefühlt hast. ... Such dir eine Situation, in der du dich besonders gut gefühlt hast. ... Was hast du gesehen? ... Welche Bilder? ... Welche Farben? ... Was hast du gehört? ... Welche Stimmen waren besonders angenehm? ... Wie war deine Stimme? ... An welche Gerüche erinnerst du dich? ... Was hast du gespürt? ... Was hast du getan, dass du dich so gut gefühlt hast? ... Was war es, das dir ein solches Gefühl von Wohlbefinden und Stärke gegeben hat? ... Versuche ein Wort

43

Spiele *zur Selbsterkenntnis*

oder einen Satz zu finden, der diese Stärke beschreibt.
... Hast du etwas Passendes gefunden? Dann atme
noch dreimal tief durch, ... dehne und strecke deinen
ganzen Körper ... und komm wieder zurück in unsere
Gruppe, öffne die Augen. Schreib nun das Wort oder
den Satz, den du für deine Stärke gefunden hast, auf.
Du kannst auch ein Bild malen. Nimm Farben, die zu
deiner Stärke passen ..."

Solche Stärke-Symbole können z. B. sein ein Löwe,
eine strahlend aufgehende Sonne o. Ä.
Anschließend können die Gruppenmitglieder über die
Erfahrungen, die sie auf ihrer Reise gemacht haben,
sprechen.

Hinweis

Das Wort oder die Worte oder das Bild und die Farben,
die die einzelnen Teilnehmer für ihre Stärke gefunden
haben, sollten sie gut im Gedächtnis behalten und
sich immer wieder zurückrufen, wenn sie Stärke brauchen.

Spiele *zur Selbsterkenntnis*

 # Ich mag an mir

Sich die eigenen Stärken bewusst zu machen, ist für die meisten Menschen ungewohnt bis unangenehm. Noch schwieriger ist es aber, dies in Gegenwart anderer zu tun. Um angemessenes Eigenlob zu üben, suchen die Gruppenmitglieder sich eine Partnerin oder einen Partner, der oder dem sie vertrauen. Gegenseitig erklären sie sich nun in drei Minuten, was sie an sich selber mögen.

Anschließend wird in der Großgruppe darüber gesprochen. Wie haben sich die Gruppenmitglieder beim Erzählen, wie beim Zuhören gefühlt?

Der Unterschied zwischen „sich selbst wertschätzen" und „angeben" sollte herausgearbeitet werden.

Spiele *zur Selbsterkenntnis*

Heißer Stuhl

Eine bekannte Übung ist der „heiße Stuhl". Die Gruppe sitzt im Kreis. Ein Gruppenmitglied setzt sich mit seinem Stuhl in die Mitte und bewegt sich damit nun von einem zum anderen. Alle, vor denen es mit seinem Stuhl sitzen bleibt, müssen ihm etwas sagen, das sie an ihm „stark" finden. Wer auf dem heißen Stuhl sitzt, darf selbst nichts dazu sagen, sondern muss die Komplimente schweigend über sich ergehen lassen.

Auswertung

Wie schwierig ist es, nur gelobt zu werden? Wie ist es, jemandem etwas Positives sagen zu müssen, auch wenn man sie oder ihn sonst eigentlich nicht so mag oder nicht so gut kennt?

Spiele *zur Selbsterkenntnis*

Ich bin gerne ein Mädchen – ich bin gerne ein Junge

Die Gruppe teilt sich in eine Mädchen- und eine Jungengruppe. Die Mädchengruppe ergänzt mit möglichst vielen Argumenten auf einem Plakat den Satz: „Ich bin gerne ein Mädchen, weil ...", die Jungengruppe ergänzt mit möglichst vielen Argumenten den Satz: „Ich bin gerne ein Junge, weil ...".

Die Plakate werden anschließend in der Großgruppe ausgewertet. Welche Argumente werden von den Mädchen, welche von den Jungen genannt? Wie groß ist die Bandbreite der Argumente? Gibt es Unterschiede zwischen Mädchen und Jungen? Welche?

Spiele *zur Selbsterkenntnis*

 # Eigenwerbung

Jedes Gruppenmitglied schreibt eine Anzeige für sich selbst. Die Anzeige soll für die eigene Person werben, besondere Fähigkeiten, positive Eigenschaften und Verhaltensweisen herausstellen.

Sind alle Anzeigen fertig, wird ein „Markt" eingerichtet, auf dem alle zum Inhalt ihrer Anzeige stehen müssen. Auf Nachfragen müssen sie weitere Erläuterungen abgeben und sich anpreisen. Was die Anzeigen sagen, darf ausgeschmückt und geschönt werden, es muss aber dennoch immer bei der Wahrheit bleiben.

Welche Erfahrungen haben die Gruppenmitglieder beim Formulieren ihrer „Selbstanzeige" gemacht? Wie ist es ihnen auf dem „Markt" ergangen?

Spiele *zur Selbsterkenntnis*

Mein persönliches Wappen

Besondere Fähigkeiten und Stärken lassen sich durch Gegenstände, Tiere, Zeichen u. Ä. symbolisieren. Die Gruppe sammelt zunächst Ideen für solche Zeichnungen.

Beispiele

Ein Löwe steht z. B. für besondere Kraft, zwei sich berührende Hände für Hilfsbereitschaft, ein Schwert für Mut, ein Pferd für Schnelligkeit Vielleicht gibt es auch jemanden, dessen Familie ein Wappen trägt und der sein Familienwappen erläutern kann.

Zum Spiel

Alle Gruppenmitglieder erhalten dann ein Blatt im DIN A 4-Format mit der Umrisszeichnung eines Wappens. In dieses Wappen sollen die Gruppenmitglieder nun Symbole eintragen und kreativ gestalten, die etwas über ihre besonderen Stärken und Fähigkeiten aussa-

Spiele *zur Selbsterkenntnis*

gen. Die fertigen Wappen werden im Plenum ausgestellt und diskutiert. Was sagen sie über die besonderen Fähigkeiten der Einzelnen?

Spiele zum Selbstbewusstwerden

Spiele *zum Selbstbewusstwerden*

Geschichte meines Namens

Jeder Name hat eine Geschichte. Eltern geben ihren Kindern im Allgemeinen einen Namen, mit dem sie etwas Positives, gute Wünsche und Kraft für seine Lebensbewältigung verbinden.
Die Gruppenmitglieder reflektieren Geschichte und Bedeutung ihres Namens. Was bedeutet ihr Name? Welche „starken" Menschen hatten bzw. haben denselben Namen? Welche Stärke können sie daraus für sich gewinnen?

Spiele *zum Selbstbewusstwerden*

 # Schwäche wegdrücken

Wir können unsere Schwächen auch wegdrücken. Die Gruppenmitglieder stellen sich vor, sie würden ihre schlechten Gefühle und Gedanken, ihre Sorgen und Ängste in eine große Tüte packen. Sie zerknüllen diese Tüte und pressen sie dann in ihrer rechten Hand fest zusammen. Sie schließen die Hand zur Faust, fester und fester, so fest, bis die schlechten Gefühle und Sorgen in der Tüte ganz klein geworden sind. Dann öffnen sie die Faust und werfen die geballten schlechten Gedanken und Gefühle einfach weg. Anschließend wird die Hand ausgeschüttelt. Wenn immer noch Schwächen und Sorgen übrig sind, wird das ganze mit der linken Hand wiederholt.

Spiele *zum Selbstbewusstwerden*

 # Spießrutenlauf

Die Gruppenmitglieder stehen sich in zwei Reihen gegenüber. Nacheinander müssen alle einzeln durch dieses Spalier gehen. Sie sollen dabei langsam und aufrecht gehen, die anderen anschauen, immer freundlich lächeln und „Guten Tag" sagen und sich durch nichts zu unschönen Worten oder Gesten provozieren lassen. Wer im Spalier steht, muss versuchen, die Spießrutenläufer durch Auslachen und Verspotten, Mimik und Gestik aus der Ruhe zu bringen.

Auswertung

Wie schwierig war es, nicht aus der Rolle zu fallen, freundlich zu bleiben und das Tempo beim Gehen nicht zu beschleunigen?

Spiele *zum Selbstbewusstwerden*

Superfrau und Supermann

Die Identifikation mit einer „starken" Fantasiefigur kann Selbstbewusstsein und Stärke geben.
Die Gruppenmitglieder überlegen, welche „starken" Vorbilder sie kennen, denen sie gerne nacheifern würden. Die Namen werden auf einer Tafel oder einer Wandzeitung notiert. Solche „starken" Figuren können sein: Supermann, Rambo, Pipi Langstrumpf u. Ä. Alle suchen sich eine Heldin oder einen Helden aus und besuchen sie mit Hilfe einer Fantasiereise.

„Reise-Anleitung"

„Setz dich locker und entspannt auf deinen Stuhl. ... Schließ die Augen. Du gehst eine Straße entlang. ... Am Ende der Straße steht ein Denkmal. ... Es ist ein fantastisches Denkmal. ... Auf dem Denkmal steht dein Held oder deine Heldin ... Wer steht auf deinem Denkmal? ... Kannst du es deutlich erkennen? ... Deine Heldin, dein Held heben dich auf das Denkmal hinauf. ... Er oder sie legt dir die Hand auf die Schulter. ... Du spürst, wie du durch diese Berührung stärker wirst. ...

Spiele *zum Selbstbewusstwerden*

Du bekommst Kraft und Selbstvertrauen, genau wie deine Heldin oder dein Held. ... Sie sagen zu dir: Ich will dir von meiner Stärke abgeben. ... Du wirst sein wie ich, mutig, selbstbewusst, stark. ... Wenn es dir einmal schlecht geht, denk an mich. ... Ich werde dir helfen. ... Du bleibst noch eine Weile bei dem Denkmal. ... Du fühlst dich stark und sicher wie deine Heldin oder dein Held. ... Nun kommst du zurück in den Klassenraum. Zeichne dich in der Figur deiner Heldin oder deines Helden."

Die fertigen Bilder werden anschließend im Raum aufgehängt. Wer mag, kann auch erzählen, warum sie oder er ausgerechnet diese Figur zur Identifikation ausgewählt hat. Was ist daran so besonders bemerkenswert?

Spiele *zum Selbstbewusstwerden*

Schwache Seiten

Viele Dinge, denen wir uns nicht gewachsen fühlen, sind letztlich gar nicht so schlimm. Viele Befürchtungen erledigen sich von selbst. Oft ist es gut, wenn man sich einfach ein bisschen Zeit lässt. Und auch folgender „Zauber" kann helfen:

Alle Probleme, die im Laufe einer Woche auflaufen, werden einzeln auf lose Blätter geschrieben, in einem schmalen Hefter abgeheftet oder in einem Umschlag gesammelt. Am Ende der Woche werden die „schwachen Seiten" durchgesehen. Was hat sich erledigt und kann weggeworfen werden? Für welche Probleme ist mir inzwischen auch noch eine Lösung eingefallen? Was ist übrig, wo brauche ich Hilfe?

Gespräch in der Gruppe

Die ungelösten Probleme auf den „schwachen Seiten", die übrig bleiben, werden in der Gruppe besprochen. Gemeinsam wird nach Lösungen gesucht. Das Gespräch in der Gruppe kann die nötige Unterstützung und Stärke geben, die die betreffenden Gruppenmitglieder brauchen, um sich die Bewältigung ihrer Probleme zuzutrauen und in Angriff zu nehmen.

Spiele *zum Selbstbewusstwerden*

Werbekampagne

Mit dieser Übung kann das selbstsichere Einstehen für ein Anliegen demonstriert werden.
Die Gruppe erfindet Fantasieprodukte und notiert den Produktnamen und eine kurze Produktbeschreibung auf eine Karteikarte. Die Karteikarten werden gemischt und verdeckt ausgelegt. Jedes Gruppenmitglied zieht eine Karte. Nacheinander werben sie vor dem Plenum für ihr Produkt. Der Rest der Gruppe bewertet Originalität und Überzeugungskraft der Darstellungen.

Reflexion

Welches Gefühl ist es, vor der Gruppe zu stehen und für ein Produkt zu werben? Welche Gedanken gehen einem durch den Kopf? Wie reagiert der Körper?

Spiele *zum Selbstbewusstwerden*

 # Ich-Botschaften

Wer anderen etwas klar machen oder etwas von sich mitteilen will, sollte keine „Du-Botschaften", sondern „Ich-Botschaften" senden. Du-Botschaften sind Mitteilungen, die mit „Du" anfangen und mit denen ich das, was ich eigentlich sagen will, im Allgemeinen nur verschlüsselt ausdrücke. Nicht selten sind sie kränkend oder lösen unmittelbar Widerspruch aus. Bei „Ich-Botschaften" versucht man dagegen, das eigene Anliegen und die eigenen Gefühle auszusprechen, ohne die andere Person anzugreifen oder zu verletzen.

Beispiele

„Du Blödmann!" soll vielleicht bedeuten: „Ich habe eine Stinkwut auf dich."
„Du hörst mir nie zu!", bedeutet vermutlich: „Ich fühle mich von dir nicht ernst genommen." usw.

Umgangssprachlich verwenden wir wesentlich mehr Du- als Ich-Botschaften. Es ist deshalb wichtig, das Formulieren von Ich-Botschaften zu üben.

Spiele *zum Selbstbewusstwerden*

Zum Spiel

Die Gruppenmitglieder teilen sich in Dreiergruppen auf. Jeweils zwei von ihnen führen ein kurzes Gespräch über ein beliebiges, nicht zu anspruchsvolles Thema. (z. B. „Wohin fährst du dieses Jahr in Urlaub?") Sie dürfen dabei nur Ich-Botschaften verwenden. Die dritte Person hört zu und gibt nach Gesprächsende Rückmeldung, wie gut ihnen das gelungen ist. Dann werden die Rollen gewechselt.
Abschließend werden die Erfahrungen aus der Gruppenarbeit im Plenum diskutiert.

Spiele *zum Selbstbewusstwerden*

 # Ehrenkodex

Jungen und Mädchen klären, wie sie vom jeweils anderen Geschlecht behandelt werden wollen. Dazu teilt sich die Gruppe zunächst in eine Mädchen- und eine Jungengruppe. Jede Gruppe diskutiert für sich und ergänzt den Satzanfang: „Wir wollen, dass die Jungen ...", bzw. „Wir wollen, dass die Mädchen ..."
Die Mädchen könnten z. B. fordern:
- „Wir wollen, dass die Jungen sich nicht über unsere Figur lustig machen."
  „Wir wollen, dass die Jungen uns nicht anfassen."
  ...
- Die Jungen könnten z. B. fordern:
  „Wir wollen, dass die Mädchen uns nicht beschimpfen."
  „Wir wollen, dass die Mädchen uns nicht verpetzen."
  ...

Gespräch im Plenum

Haben beide Gruppen ihre Diskussion beendet, werden ihre Forderungen und Wünsche im Plenum gelesen und besprochen. Sind die Forderungen für das

Spiele *zum Selbstbewusstwerden*

jeweils andere Geschlecht akzeptabel? Sind sie in dieser Gruppe verwirklicht? Wie können sie verwirklicht werden? Unterscheiden sich die Forderungen der Mädchen und Jungen voneinander? Wodurch?
Aus den Erwartungen der Geschlechter voneinander kann ein „Ehrenkodex" erarbeitet werden: So gehen wir in Zukunft miteinander um!

Spiele *zum Selbstbewusstwerden*

 # Gruppendruck aushalten

Sich dem Gruppendruck zu widersetzen, erfordert eine ganze Portion Selbstbewusstsein und gelingt deshalb nicht immer. Oft fällt es schon schwer sich einzugestehen, dass man anfällig für Gruppendruck ist.
Eine Reflexion des Problems „Gruppendruck" kann z. B. damit beginnen, dass alle Gruppenmitglieder zunächst für sich folgende Aufgabe bearbeiten:
„Erinnere dich an eine Situation, in der du Gruppendruck ausgesetzt warst und versucht hast, ihm nicht nachzugeben. Beschreibe die Situation:
- Was hat dich in dieser Situation unter Druck gesetzt?
- Wie hast du versucht, dem Druck nicht nachzugeben?
- Ist es dir gelungen, dem Druck nicht nachzugeben?
- Warst du mit dir zufrieden?"

Die unterschiedlichen, individuellen Erfahrungen werden dann in der Gruppe diskutiert. Wodurch wird Gruppendruck überhaupt erzeugt? Welche Verhaltensweisen haben Einzelnen bisher schon geholfen, sich dem Gruppendruck zu widersetzen? Welche Verhaltensweisen helfen am besten? Welche können anderen empfohlen werden?

Spiele *zum Selbstbewusstwerden*

Reise in die Zukunft

Wer sich verändern möchte, muss wissen, wie er oder sie sein will. Wie ist das eigene Wunschbild eines mit sich zufriedenen, selbstbewussten Menschen?
Mit folgender Übung kann man dem eigenen Wunschbild auf die Spur kommen: „Stellt euch vor, ihr macht eine Reise in die Zukunft. Ihr seid 10 Jahre älter geworden. Wie seht ihr euch jetzt? Schreibt einen kurzen Bericht."

„Ich bin .... Jahre alt. Ich ....
...
...
..."

Austausch

Die Berichte werden – anonym – im Raum ausgehängt und durchgelesen. Die Zukunftsvisionen werden diskutiert. Was muss geschehen, damit sie Wirklichkeit werden können? Was kann man selbst dazu tun? Welche Hilfen sind erforderlich? Wer mag, kann auch zum eigenen Zukunftsbild Stellung nehmen und es erläutern.

Spiele zum Selbstbewusstsein

Spiele *zum Selbstbewusstsein*

 # Rückendrücken

Dass wir im Verbund mit anderen im Allgemeinen stärker sind als alleine, lässt sich mit einer einfachen Übung demonstrieren. Die Gruppe teilt sich in zwei gleich große Untergruppen. Jede Untergruppe bildet eine lange Reihe, Schulter an Schulter, die Arme eingehakt. Beide Reihen stellen sich, einander die Rücken zukehrend, gegenüber. Zwischen den beiden Reihen wird mit Kreide eine Linie gezogen oder es wird eine „natürliche" Linie auf dem Fußboden, z. B. der Ansatz im Teppichboden, genutzt.

Zum Spiel

Auf ein Signal hin versuchen nun die beiden Gruppen sich gegenseitig über die Linie zu drücken. Gelingt es? Wenn ja, könnte eine andere Reihung der Gruppenmitglieder der „schwachen" Reihe eventuell mehr Stärke verleihen? Die Gruppen experimentieren, wann sie stärker oder schwächer sind? In welcher Reihenfolge müssen die Einzelnen nebeneinander stehen, damit die Gruppe insgesamt am stärksten ist. Gelingt es, beide Gruppen gleich stark zu machen, so dass sie sich nicht mehr wegdrücken können?

Spiele *zum Selbstbewusstsein*

 # Vertrauenskreis

Alle Gruppenmitglieder bilden einen Kreis. Sie stehen Schulter an Schulter, Gesicht zur Mitte. Sie strecken ihre Arme in Brusthöhe nach vorne. Alle müssen einen festen Stand haben. Damit wirklich alle fest stehen, müssen sie ihren Stand mit den Füßen gut ausbalancieren.

Ein Gruppenmitglied stellt sich freiwillig in die Mitte, kreuzt die Arme vor der Brust und schließt die Augen. Wenn alle im Kreis gut stehen, lässt es sich mit geradem, angespanntem Körper in den Kreis, gegen die ausgestreckten Hände der anderen fallen, nach vorne, nach hinten, zur Seite. Die Gruppe schiebt ihn sanft immer wieder zurück.

Nach und nach wechseln die Gruppenmitglieder in der Mitte. Es darf aber niemand gezwungen werden, diese Position einzunehmen. Jedes Gruppenmitglied muss für sich entscheiden: Wieviel Vertrauen habe ich in die anderen? Wieviel Vertrauen habe ich in mich selbst, dass ich mich auf diese Situation einlassen kann? Welche Erfahrungen habe ich mit der Übung gemacht? Wie geht es mir jetzt nach der Übung?

Spiele *zum Selbstbewusstsein*

Ja und Nein

Das Nein-Sagen kann auch von allen Gruppenmitgliedern gleichzeitig geübt werden. Diese Übung eignet sich besonders gut für Kindergruppen.
Zunächst teilt sich die Gruppe in Paare auf. Jedes Paar einigt sich darauf, wer von beiden „Nein" und wer „Ja" sagt. Auf ein Startzeichen hin sagt die eine Hälfte der Gruppenmitglieder nun ständig „Ja", die andere Hälfte „Nein" – bis „Stopp" geboten wird. In einer zweiten Runde werden die Rollen gewechselt. Bei dieser Übung ist das leise „Nein" nicht angebracht. „Nein" und natürlich auch „Ja" müssen so laut gesprochen werden, dass sie auch zu hören sind. Wenn niemand durch den Lärm gestört werden kann, sollte die Gruppe animiert werden, so laut wie möglich zu schreien. Was war leichter, das Nein- oder das Ja-Sagen?

Hinweis

Für manche Menschen ist eine solche Übung die erste Gelegenheit, bei der sie sich trauen, so laut wie es nur geht, dem „Ja" ein „Nein" entgegenzusetzen. Direkt und ohne Umschweife „Nein" zu sagen, gilt häufig noch als ungehörig.

Spiele *zum Selbstbewusstsein*

 # Klartext reden

Wer sich selbst behaupten will, muss anderen klar und unmissverständlich nicht nur freundliche Worte geben, sondern auch seine Ablehnung mitteilen können.
Die Gruppe sitzt im Kreis. Nacheinander wenden sich die Gruppenmitglieder ihrer Nachbarin oder ihrem Nachbarn zur Linken zu und sagen kurz und knapp, aber deutlich etwas Ablehnendes, z. B.:
- „Ich will nicht."
- „Hau bloß ab."
- „Lass mich in Ruhe."
- „Verschwinde."
- „Es reicht mir."
- ...

Die ablehnenden Aussagen können durch entsprechende Bewegungen unterstützt werden, z. B. die Faust zeigen, mit dem Finger drohen u. Ä.

Auswertung

Wie schwierig war es, sich so eindeutig negativ zu verhalten? Welche Ausdrücke könnte man auch in Realsituationen verwenden? Welche eher nicht?

Spiele *zum Selbstbewusstsein*

Hör auf damit!

Zwei Gruppenmitglieder spielen der Gruppe eine Situation vor: A ärgert B, indem es B am Arm zieht, schubst usw. Das tut A so lange, bis von B mit den energisch gesprochenen Worten „Hör auf damit!" ein eindeutiges Signal kommt, damit aufzuhören.

Die Gruppe gibt B anschließend eine Rückmeldung über sein Verhalten: War B eindeutig genug, hätte B noch energischer auftreten können, war die Stimme laut und fest genug u. Ä. Wenn das Paar möchte, kann es seinen Auftritt wiederholen und dabei versuchen, die Verbesserungsvorschläge zu berücksichtigen. Es kann aber auch ein neues Paar auftreten.

Spiele *zum Selbstbewusstsein*

Auftragsannahme

Zwei Gruppenmitglieder verlassen den Raum. Draußen überlegen sie sich Aufträge, die sie anderen Gruppenmitgliedern erteilen wollen, z. B. auf einem Bein durch den Raum hüpfen, vor ihnen niederknien, ein Lied singen o. Ä.

Die beiden kommen wieder herein, sprechen ein Gruppenmitglied an und geben den ersten Auftrag. Wer angesprochen wird, kann den Auftrag annehmen oder ablehnen. Die Ablehnung kann, muss aber nicht begründet werden. Auch eine Ablehnung, die nicht begründet wird, wird ohne weitere Diskussion akzeptiert. Nach einem „Nein" wird einfach ein anderes Gruppenmitglied beauftragt. Auch dieses kann ablehnen.

Sind alle Aufträge „verbraucht", wird darüber gesprochen wie schwer es war, einen Auftrag abzulehnen. War es leichter mit Begründung oder ohne Begründung?

Spiele *zum Selbstbewusstsein*

 # Selbstsicher auftreten

Zwischen Körperhaltung und Selbstsicherheit besteht eine Wechselwirkung. Wer selbstsicher ist, drückt das im Allgemeinen auch durch seine Körperhaltung aus. Aber ebenso kann man auch umgekehrt durch eine selbstsichere Haltung an Stärke und Selbstsicherheit gewinnen.

Einzelne Gruppenmitglieder stellen sich – freiwillig – vor die Gruppe. Wie wirkt ihre Körperhaltung? Sicher oder eher unsicher? Natürlich oder eher geziert? Gelangweilt oder eher aufgeschlossen? Aus welchen Merkmalen einer Körperhaltung kann man auf die innere Haltung eines Menschen schließen? Durch Ausprobieren und im Gespräch werden die Merkmale einer selbstsicheren Körperhaltung herausgearbeitet:

- aufrecht stehen mit erhobenem Kopf
- die Augen halten Blickkontakt
- die Arme hängen locker am Körper
- beide Füße stehen fest auf dem Boden
- der Gesichtsausdruck ist freundlich

Zum Abschluss wird die selbstsichere Haltung in Zweiergruppen geübt. Ein Gruppenmitglied macht die selbstsichere Haltung vor, das andere spiegelt sie. Die Rollen werden von Zeit zu Zeit gewechselt. Die

Spiele *zum Selbstbewusstsein*

Übung ist beendet, wenn beide Partnerinnen oder Partner selbstsicher auftreten können. Ist eine Sofortbild-Kamera zur Hand, werden alle Gruppenmitglieder in dieser Haltung fotografiert. Ein Blick auf das Foto gibt bei Bedarf die Gewissheit: Ich kann selbstsicher auftreten.

Spiele *zum Selbstbewusstsein*

 # Schiffbrüchig

Die Gruppe stellt sich vor, sie sei mit einem Schiff vor einer unbewohnten Insel gegen einen Felsen gefahren. Das Schiff hat ein Leck und sinkt allmählich. Also müssen alle in die Rettungsboote gehen. Um die rettende Insel mit den Rettungsbooten zu erreichen, können sie nur 10 Dinge mit von Bord nehmen. Außerdem müssen sie darauf achten, dass sie solche Sachen mitnehmen, die ihnen das Überleben auf der Insel sichern. Jedes Gruppenmitglied überlegt zunächst für sich alleine, welche 10 Dinge es unbedingt mitnehmen möchte. Dann bilden sich Fünfergruppen. Aus den Gepäckteilen der einzelnen Schiffbrüchigen müssen sie sich wiederum auf insgesamt nur 10 Teile einigen, die sie gemeinsam mitnehmen wollen. Die Kleingruppen vergrößern sich weiter, bis schließlich die gesamte Gruppe wieder zusammen ist. Dabei müssen jeweils Gepäckteile aussortiert werden, in jeder Gruppenphase dürfen nur 10 Stücke mitgenommen werden.

Auf welche Dinge hat sich die Gesamtgruppe zum Schluss geeinigt? Wie schwierig war es, sich auf nur so wenige Dinge zu verständigen? Nach welchen Kriterien wurde ausgewählt? Sind alle am Schluss zufrieden?

Spiele *zum Selbstbewusstsein*

5 gegen 1

Nach dem Zufallsprinzip wird eine Kleingruppe von fünf Personen gebildet. Diese stellt sich vor, auf eines ihrer Mitglieder kämen fünf bedrohlich aussehende Angreifer zu. Was kann die Kleingruppe, die um eine Person in der Unterzahl ist, gemeinsam gegen die Angreifer tun? Sie erhält etwa 5 Minuten Zeit, um mindestens drei kreative und „starke" Lösungen – also nicht Zuschlagen oder Nichtstun – zu finden. Solche Lösungen können sein:
- „Feuer" rufen und auf eine Stelle hinter den Tätern zeigen
- auf die Knie sinken und laut beten
- Hundegebell nachahmen

Die Lösungen können auch im Rollenspiel vorgespielt werden. Anschließend wird eine neue Spielgruppe gebildet, die sich weitere kreative Lösungen für den Angriff einfallen lässt.

Die Methode kann auch zur Entwicklung ungewöhnlicher, neuer Lösungen bei anderen Fragestellungen bzw. ganz konkreten Problemen der Gruppe eingesetzt werden, z. B. bei folgendem Problem: Der Lehrer bevorzugt die Mädchen. Er nimmt Schülerinnen häufiger dran als Schüler.

Spiele *zum Selbstbewusstsein*

Lösungsvorschläge

- Alle führen eine Strichliste, wie oft sie sich gemeldet haben und wie oft sie drangekommen sind.
- Der Lehrer ruft bewusst abwechselnd eine Schülerin, einen Schüler, eine Schülerin usw. auf.
- Nicht mehr der Lehrer ruft auf, sondern die Schülerinnen und Schüler bilden eine Meldekette. Wer dran war, ruft beim nächsten Mal eine Schülerin oder einen Schüler auf.

Zum Schluss einigt die Gruppe sich auf eine der Lösungen und probiert sie aus. Nach einiger Zeit wird ihre Wirksamkeit überprüft, gegebenenfalls wird sie verändert, eine weitere Lösung ausprobiert u. Ä.
Wie sind die Erfahrungen mit gemeinsamer Problembewältigung in der Gruppe? Haben die Gruppenmitglieder schon gewusst, wie stark sie gemeinsam sein können?

Spiele *zum Selbstbewusstsein*

 # Selbstverpflichtung

Eine gute Möglichkeit, sich bei der Realisierung guter Vorsätze zu unterstützen, ist ein Vertrag, den man mit sich selbst abschließt. Ein solcher Vertrag kann z. B. so aussehen:

Vertrag

Ich .... (Name) vereinbare mit mir selbst, dass ich bis zum .... (Datum) folgenden Beschluss in die Tat umsetzen werde:
....
....

.... (Unterschrift)

Spiele *zum Selbstbewusstsein*

Zusätzlich unterstützend ist es, den Vertrag nicht einfach in die Schublade zu legen, sondern eine Person
des Vertrauens zu bitten, ihn gegenzuzeichnen.
Gemeinsam wird das Einhalten des Vertrages über-
wacht und das erfolgreiche Ende seiner Laufzeit
gefeiert.

Eine Zweitschrift des Vertrags erhält: ....
.... (Name) Er/sie wird mich bei der Ein-
haltung des Vertrages unterstützen, mir den Vertrag am vereinbarten Zeitpunkt zurückgeben und
die Erfüllung meines vertraglich festgelegten
Beschlusses mit mir feiern.

.... (Ort und Datum)

.... (Unterschrift)   .... (Unterschrift)

Don Bosco MiniSpielothek
Klein, fein, alles drin

ISBN 978-3-7698-1786-7

ISBN 978-3-7698-1784-3

ISBN 978-3-7698-1783-6

ISBN 978-3-7698-1729-4

ISBN 978-3-7698-1730-0

ISBN 978-3-7698-1731-7

ISBN 978-3-7698-1614-3

ISBN 978-3-7698-1533-7

ISBN 978-3-7698-1520-7

ISBN 978-3-7698-1613-6

ISBN 978-3-7698-1521-4

ISBN 978-3-7698-1615-0

ISBN 978-3-7698-1522-1

ISBN 978-3-7698-1531-3

ISBN 978-3-7698-1532-0